Urs Heftrich · Halbinselfisch

URS HEFTRICH

HALBINSELFISCH

REIME

2021

EDITION HAMMER + VEILCHEN

AM ANFANG WAR DIE HENNE

Penetration des Urproblems

Im Anfang war die Nachtigall
Und sang das Wort: Züküht! Züküht!

Mir läuft ein leichtes Zwicken
durchs limbische System
Mein Grips und ich: wir ficken
das Henne-Ei-Problem

Am Anfang war die Henne
und hat im Mist gescharrt
Da rollte auf die Tenne
ihr Ei – und alles ward

Am Anfang war das Fühlen
Der Eierkopf Verstand
der schützte sich im Kühlen
noch vor dem Sonnenbrand

Am Anfang steht kein Denken
Das wäre auch verfrüht
Es kollert aus Gestänken
das süße Wort Züküht

Das Wort war nicht am Anfang
In Urjauche begann
der Sex des Seins – wer kann fang
etwas damit an!

Post coitum omne animal triste

Der Pinguin ist stets befrackt
steht schwarz auf weiß wie frisch gelackt

Doch wird er von der Lust gepackt
bringt ihn das immer aus dem Takt
Drum ordnet er sich nach dem Akt
das Federkleid Er fühlt sich nackt
und auch – pardon – leicht abgefuckt

Er findet wohl zu viel Kontakt
wie zu viel Reime: abgeschmackt

HADES, KANSAS

Ranchtor, Flint Hills

So maßlos breit ist nur das Höllentor
Ein Steppendämon schlug hier seine Pforte
ins Nichts Ein Namenszug Sonst keine Worte
Alles ist seins Dahinter und davor

Wer diese Grenze zog war sich im klaren
Da kommen viele durch Mann Frau und Kind
Der Gutsherr nüstert wittert Beute Wind
kommt auf zerbeult die Steppe Zeit zu fahren

Rinderfarm, Pilsen, KS

Ein Riesenlabyrinth aus rechten Winkeln
Der Weg ist ungeteert Ein Knäuel Staub
entrollt sich langsam hinter uns Am Ende
ein Ruck Kein Faden mehr Wir sind am Ziel
Der Hofhund bellt wie toll denn wir sind Fremde
und er Republikaner Doch im Haus
hat man uns lange schon erwartet Lange
hat sich kein Ausländer hierher verirrt
der nicht geblieben wäre Na mal sehen

Vor hundertzwanzig Jahren kam Europa
hier an Der Stier schlich ausgepumpt zum Stall
Dort liegt er an der Kette und käut Mythen
Erfolgsgeschichte Enkel ohne Zahl
Er selbst kennt jedes Kalb Na beinah jedes
Ein Großbetrieb Manchmal verliert sich eins
Das Jungvieh wächst wie toll dank Östrogenen
Er weiß Europa hält nicht viel davon
Doch wo gibts auf der Welt noch solche Lenden?

Die alte Lady hält sich so gerade
wie damals auf dem großen Ritt Sie nimmt
die Gäste gleich ins Kreuzverhör Ein Mister
aus Deutschland? Na sie weiß wie man den fängt
Gab es den Holocaust? fragt sie uns listig
Wir nicken brav Man kann uns trauen Ja
Zum Lohn entrollt sie vor uns beide Welten
Die alte und die neue sind hier eins
ein Schattendorf ein kleines Transatlantis

Der Hund macht Platz denn wir sind Freunde und
wer weiß? vielleicht sogar Republikaner
Das Garn der alten Frau wird immer länger
Lokalgeschichte Namen ohne Zahl
Wir ahnen es Der Faden hat kein Ende
Es dämmert schon Die Kette klirrt im Stall
Der Hund träumt sich davon zuckt mit den Pfoten
Doch wir Wir sind im Riesenlabyrinth
des Epos eine Ewigkeit gefangen

Sylvie

Sylvies Wald ist voller Gräber
Sie ist achtzig und sie zeigt uns
ihre Kirche wo sie betet

Sylvies Wald ist in der Kirche
und im Wald lebt das Opossum
Sylvie zeigt uns ein Passionsspiel

Sylvie zeigt es dem Opossum
denn es hat ein Huhn gestohlen
und die Hühner sind ihr heilig

Sylvies Rechte ist ein Handbeil
Auf dem Betstuhl das Opossum
Sylvie zeigt uns wie man tötet

Sylvies Hand ist voller Leben
und voll Wald wie ein Opossum
diese Hand die täglich betet

diese Hand die täglich tötet

Lucy

Lucys Haus ist voller Stimmen
und sie führt ein großes Haus

Sie souffliert auf kleinen Zetteln
jedem Unglück seinen Part

Lucy rechnet mit dem Schlimmen
und sie rechnet sehr genau

Die Seidenblume spricht
Wenn man mich gießt verfaule ich

Die Schonbezüge klagen
Nichts bleicht so rasch wie Sonnentage

Die Küchentherme droht
Mich nicht zu lüften ist dein Tod

Groß ist Lucys Welttheater
Alles zittert vor dem Schluss

Alles hängt an einem Faden
Furcht und Mitleid Abakus

Lucy rechnet mit dem Schlimmsten
und sie spielt das Unglück aus

Draußen steht der Zufall Lucy
spielt allein im leeren Haus

EIN GEMISCH AUS MERKAPTANEN

Ein Gemisch aus Merkaptanen

Ein Gemisch aus Merkaptanen
das sogar den Tod abschreckt
haben hunderttausend Ahnen
im Labor des Walds erheckt
Da schuf Gott die Autobahnen
Jeder zweite Skunk verreckt
weil er den Verkehr nicht checkt

Fototapete

Ich hab eine Fototapete
mit fantastischem Blick auf die Lethe
In Goldwiesen schuppt sich ein Fluss
ein Fischer steht Ruder bei Fuß

Er hat kein Gesicht Die Entfernung
ist groß und zu grob ist die Körnung
Du musst in das Foto hinein
Das Copyright hält ein F. Hein

Mit Fischaugenlinse erfasst er
was lebt und verpasst ihm sein Raster
Das störte dich schon bei Seurat
Tritt näher und nichts ist mehr da

Die Fotowand winkt dich zur Reise
Na komm schon Auch du gehst noch drauf
Es gibt nur noch Punkte und Kreise
denn jetzt löst es aus Löst dich auf

Diagnose

In Doktor Bogs Patientenakten
führt man mich jetzt als Angehackten
und demnächst fressen mich die Raben
Da muss mich wer verwechselt haben

Noch gestern bei den Auserwählten
und plötzlich bei den Angezählten
Und mein Syndrom – scherzt Bog – sei erblich
und als Syndrom glattweg unsterblich

Hinter der Klinik lagern Bretter
Der Sargtischler heißt Kiesewetter
und singt beim Hobeln immer Lieder
von einem Cajus – immer wieder

Ich mag von Cajus nichts mehr hören
fang an den Tischler zu beschwören
Da singt er Hoppe hoppe Reiter
wenn er fällt dann schreit er…

Kuckucksuhr

Die Kuckucksuhr Die alten Eltern
in pendelnder Vergesslichkeit
Die Zeiger gehn im Kreis und keltern
den Grappa ihrer Immerzeit

Er macht den Eltern einen Schwips
Die Trauben bersten und ihr Saft
vermischt sich gärt und setzt im Grips
ein Kreisen frei das walzerhaft

die Zeiten wirbeln lässt im Tanz
Der ganze Film wird neu geklebt
Das alte Paar ist jung: *nunc stans*
Es hat die Uhren überlebt

von denen nur der Kuckuck weiß:
es ist kein Schlagwerk eingebaut
Das Zifferblatt: ein Walzerkreis
der weiß und weißer wird *Fade-out*

Sauna in Prag-Podolí

Bohemia. A desert country near the sea

Die Männer auf den Nebelbänken
der Sauna in Prag-Podolí:
bei dieser Robbenkolonie
ist einem Meeresgott das Denken

zu kurz geraten und zu mager
Der ganze Speck im Nebelbad
ist bloß ein Walross-Imitat
Das Schweineknödelkraut der Prager

es schmurgelt nun in dieser Schwitze
das Salz trieft aus dem Borstenbart
der Aufguss riecht nach Wind und Fahrt…
Doch stockt der Atem in der Hitze

Ein Dampfbad voller nackter Böhmen
ein Robbenstrand weitab vom Meer
Ach Binnenländer schwitzen sehr
beim ozeanischen Verströmen

Der König von Odessa

What watch? – Ten watch – Such much?

Tscherwonja Ogly baut sein Grab
und dieses Mal baut er in Maßen
die nur das Wesentliche fassen
Sein ganzes Wesen muss hinab

und auf die Reise zum Gewürm
nimmt man nicht alles und nicht jedes
Der König wählt nur den Mercedes
und seinen großen Flachbildschirm

Graviert die Rolex auf den Stein –
so raten es ihm die Satrapen
Ein Königsgrab voller Attrappen?
Ach nein Die Uhr bleibt am Gebein

Der König ist zur Fahrt bereit
ins Autokino seiner Knochen
Die Illusion lebt ungebrochen
Die Rolex misst die Ewigkeit

Heimkino für Hirtenhunde

Lämmer, so grausam

Am Schnuckengatter schlägt die Fernsehstunde
Zur Dämmerung läuft stets »Die Wölfe kommen«
die Lieblingsserie für Hirtenhunde
die armen Sündenböckchen ausgenommen

Sie glotzen links und rechts der Holzbarriere
und blanke Angstlust lässt sie beidseits stieren
und runde Augen bohren sich in quere
Pupillen Sehschlitze von Opfertieren

Das Sündenböcklein stirbt unter den Hufen
der andern Böcke denn in diesem IMAX
wird stets ein Agnus Dei abberufen
Es schenkt den guten Hirten ihre Klimax

Das Lamm ist totgeschunden Musste büßen
Den Hunden läuft das Maul Sie wittern Süße

Theodizee

Wer ist der Habicht? wer das Huhn?
Wer hackt den Kropf des Kükens auf?
Ach Gott hat wieder viel zu tun
sortierte gern den Weltenlauf

Doch Hiob schabt sich schrapp schrapp schrapp
Camus schreibt täglich… eine Pest!
Die Unglücksboten sind auf Trab
und Gott ist immer noch gestresst

vom Suizid Heinrichs von Kleist…
Über den Wipfeln ist jetzt Ruh
denn eine Unglücksräbin scheißt
dem Habicht beide Augen zu

Der Habicht ist seither ganz Ohr
und Hiob legt Memoiren vor

Theory of mind, oder: Tat tvam asi

Du weißt, Herr, daß ich weiß, wie sehr du weißt

Ich denke dass der Gibbon denkt
dass ich kein Gibbon bin
Er weiß dies aus dem Handgelenk
und segelt leicht dahin

in träumerischem Gibbonflug
der mich mit Neid erfüllt
So   gen   schon
    schwin-   wäre   genug
mein Durst nach Sinn gestillt

*

Lang hab ich mich im Affenhaus
ins Gibbonsein vertieft:
Es sieht wie Schopenhauer aus
denn es ist de-
                    pres-
                              siv

Der Zoo gibt ihm zur Therapie
in seine Box ein Huhn
Der Gibbon sieht sich nun
im Huhn: Tat tvam asi

Pollock

Man kennt sie an den weißen Klecksen:
die Plätze wo die Vögel schlafen
Denn jede Nacht hockt dort ein Jackson
Pollock um neue Kunst zu schaffen

Er spritzt ein weißes Zufallsmuster
auf den Asphalt und dafür reicht es
den Sterz zu lüpfen – unbewusster
schuf kein Breton: ein federleichtes

ein unerhörtes Gehenlassen
im beinah schwerelosen Dösen
während sich sanft unter der blassen
Nickhaut die Tagesreste lösen…

Den Schnabel zu und warm geborgen
im Federpelz und alle Schlacken
verdaut – beim Abflug in den Morgen
noch einmal kräftig kacken!

BE BEAR AWARE

Am sehr sehr späten Nachmittag

Am sehr sehr späten Nachmittag
bestellt der Bär ein Wunschkonzert
für Duduk und für Bienenschwarm
für Wasserfall und Flossenschlag
für Kalebasse die schon gärt
und zarten Lammsopran noch warm

In seine Nase steigt ein Klang
sie blättert in der Partitur
des Abendwinds von links nach rechts
Dem musikalischen Gourmand
rauscht alle Fauna in F-Dur
und silbern zuckt der Sprung des Hechts

und faunisch rieselt es im Moos
und seine Lefzen zucken nach
Im Halbschlaf tröpfelt es: Jetzt gleich!
Kein Rausch war je interesselos
Der Hunger und sein Bär sind wach
Er wälzt sich hoch und geht zum Teich

Toronto Zoo

Toronto Wildnis tief im Zoo
Das Bärengatter warnt mit Schildern
dass wir in einem Wald sind wo
noch wirklich wilde Bären wildern

Be Bear Aware Sei bärbereit!
Denn wo die wilden Kerle wohnen
da hilft dir kein *survival guid*e
Hier ist die Grenze zweier Zonen

Da drinnen riecht es süß nach Wild
um fünf Uhr gibt es Abendessen
Dort draußen wird früh abgestillt
der Hunger fragt nur: Wer wird wessen

Der wilde Bär kommt jede Nacht
zum Zoo Lass jede Hoffnung fahren!
Du wirst von Kameras bewacht
Die drinnen träumen wer sie waren

Grouse Mountain

Der eine ist im Firn verwaist
der andere am Ozean
Erinnern kann sich keiner dran
Der Nebel am Pazifik reißt

nur selten auf Erst wenn es schneit
erst wenn die Bären schlafen gehn
im Bauch des Frosts sich beide drehn
gebiert die große Müdigkeit

Den von der Küste schlägt konkav
das Glas der grünen Welle ein
Und der vom Berg rollt mit hinein
Ein Gletscher kalbt in seinen Schlaf

Der Bär im Mosaik von Caesarea

Der Bär im Mosaik von Caesarea
Ihm fehlen an der Ferse ein paar Steine
Er müsste humpeln So wie nicht ganz reine
Reime Ein Rhythmussprung Ein *mea culpa*

Der Himmel ist hier unerbittlich heiter
Der Sarazene der die Villa schleifte –
kein Zweifel dass auch ihn die Rührung streifte
bevor er weiter zuschlug Immer weiter

Der Bär ertrug Ach viel Selbst Kinderbeinchen
Spielt nicht mit Murmeln im Paradezimmer
Jetzt ist der Boden ruiniert für immer
Noch immer fehlt *Denn* immer fehlt ein Steinchen

DISKJOCKEYS DER TRIEBE

Early Morning Radio

Frühfunk Amseln Tauben
Dämmerungsradau
Komm den Tag ausrauben
er wird viel zu blau

Lärm der Tagediebe
Dies ist ihr Revier
Diskjockeys der Triebe
spielen ihre Gier

Rot ist es im Kehlchen
und der Schlager gellt
Rotes Genitälchen
bringt sein Lied zur Welt

Eiscreme für Petrarca

Aus meinen Händen leckt der Hund
den dünnen Eiscremebecher blank
Die Hand wird warm als wärs ein Mund
in dem sich seine Zunge rankt

und sie bepinselt mich beredt
von innen ganz mit Appetit
mit dieser Lust die nichts versteht
als was sie jetzt im Becher sieht

Er fletscht und schielt vor süßem Tort
Dann nehme ich den Becher fort
Das Eis dahin die Hand noch warm

und dieser Blick dass Gott erbarm
erzählen kynolingual
Petrarcas ganze süße Qual

Wortnest

Ein Nest geflochten aus den Zweigen
von Wörtern und von Stimmen
Sie sind so frisch – wenn wir sie trimmen
dann bluten sie und schweigen

Sie sind so zart und brechen ständig
Lass sie uns achtsam flechten
und – bricht ein Zweig – nicht rechten
Denn nur was nässt das ist lebendig

Dies Wortgeflecht: wie darin wohnen?
Ein Nest wird erst gebacken
wo nackte Küken kacken
und keinen der Bezüge schonen

Lass uns hoch oben in den Bäumen
vom frischen Mist des Alltags träumen

Traubenkerne

Sie füttert dich mit Traubenkernen:
die rauhe Wahrheit – bitter
sobald man draufbeißt Du sollst lernen
sie ganz zu schlucken Splitter

gehn schwer herunter und so reicht sie
die Kerne mit der Zunge
Du schmeckst das Traubenfleisch Wie leicht sie
es macht für dich: das Junge

Von ihren Küssen sollst du wachsen
Doch *beißt* du auf die Kerne
Ein Nestling treibt halt immer Faxen
und du hast Kernöl gerne

Du willst ja keinen Rebstock pflanzen
sondern das Öl verdauen
So nimm von ihr und nimm die ganzen
Kerne… um zu kauen

Wälder

Dir wuchs ein Wald Du bist kein Kind
im Hundred Acre Wood verfangen
Dir wachsen Wälder und sie sind
voll Düften frisch wie Kinderwangen

Im ersten Waldstück spielt ein Bach
sein Cembalo In kleinen Wellen
läuft Silber übers Eis das brach
und unten laichen die Forellen

In zwei der Wäldchen schwitzt das Harz
der Kiefern Nadeln weich wie Feh
Dein tiefster Wald steht hennaschwarz
und freut sich schnaufend auf den Schnee

Doch dieser Schnauf scheint mir profund
Mir wächst aus ihm das große Und

Keilschrift leichter Vogelfüße

Wieviel Zweige fasst ein Schnabel
wenn der Vogel dabei spricht?
Welcher Nesttrieb baute Babel
nach dem großen Strafgericht?

Noahs Taube wollte nisten:
gottgesteuert? triebgesandt?
Keine seiner Paarungslisten
hatte unter Deck Bestand

Straußengurren Amseltänze
Taubentrillern: angesext
lasen geile Pfauenschwänze
jeden neuen Archetext

Keilschrift leichter Vogelfüße
überschrieb die Spur des Ich
Alphabet uralter Süße
Babels Vögelsprache sprich!

Der Leib ist ein seltsames Monster

The body is a curious monster

Der Leib ist ein seltsames Monster
aus Pilzen und Viren und Lust
an den Keimen und allem was sonst er
an Mist macht der Herr und du musst

darin wohnen im seltsamen Haus
Arcimboldos und willst für die andern
ein Wirt sein und lehnst dich heraus
aus dir selber und fällst und gehst wandern

ARG ARCHAISCH LÄCHELN
DIE GESCHWISTER

Gym

Sie kommen nassgeschwitzt vom Sport
Sie heißen Jason Homer Alexander
Es muskelt kurz im Schließfachraum
Dann gehn sie auseinander

Sie duschen streng getrennt Und wie!
Zwei Vorhäute aus Nylon schützen
den kleinen Feuchtraum Fantasie
den Stachel der der Nacktheit blieb

Die jungen Männer mit den alten Namen
sie duschen einsam Jeder sieht
zum Vorhang Jeder sieht den andern
wie er seinen Dorn auszieht

Bilingue

Lasst Athene nur archaisch lächeln
nicht voll Lust und hinteren Gedanken
wenn sie Herakles in Traubenranken
eine Blüte reicht um ihn zu fächeln
Auferweckt hat sie den toten Heros
der berauscht sich räkelt auf der Liege
wo der Brandgeruch der Überstiege
nicht mehr hindringt bloß der Eros
Rebenrot und schwarz und schöngegürtet
ist Athene wenn sie ihn bewirtet
und ihn neckt als ihren Stallaus-Mister
Arg archaisch lächeln die Geschwister
sie ist seine Göttin und er flirtet
mit der Gottheit nicht Ihr Träubchen isst er

Fliegen

Credibile est ipsam sic voluisse mori

Das Fliegenpaar im Bernsteintropfen:
es hat sehr leben wollen als
das Harz kam Fliegenherzen klopfen
auch vor dem Sex schon bis zum Hals

Martialisch wüstes süßes Werben
um Fortbestand und Gen-Austausch
Sie wissen nichts vom Klebesterben
im ewigen Retsinarausch

Ars amatoria

Dein fichtenes Schiff treibt auf offenem Meer
du wiegst dich im Schiffsbauch als wärs ein Geschlecht
da willst du dich halten Ovid gut verpecht
mit Kunst und mit List und mit Worten aus Teer

Mit der Pechrute jagst du den fliegenden Fisch
du vogelnder Fänger verleimst Papage—
na rühr schon den Reimstab vielleicht hälts dich frisch
beim schlingernden Kurs auf die hölzerne See

Wen wirst du küssen?
Wessen Lippen beißen?

Wen wirst du küssen? wessen Lippen beißen?
Woher die Gier nach einem Du?
Dein Mund schmeckt Blut Das Kalb leckt Eisen
doch seine Zunge sucht die Kuh

Die Zunge ist ein rauher nasser Haken
Wir Säuger fangen so das Leben ein
Wen wirst du küssen Kälbchen? wohin staken
auf steifen Beinen? Wer wirst du dann sein?

Wen wirst du küssen? Sags: mit welchen Lippen?
Wann ist der Durst des Kalbs gestillt?
Sein Fell ist dünn Gezählt sind seine Rippen
Es hakelt mit der Zunge leckt wie wild

am Eisen denn es will das Leben essen
das schon die Rippen zählt unter dem Fell
Wer wird dich küssen Säugetierchen? Wessen
Mund trinkt nachts an dir? Er trinkt so schnell…

Leda

Du baust Geniste für die Schwäne
aus Strandgut Zweigen Badeshorts
und Plastikmüll Doch außenbords
strömt gelb der Fluss Er wiegt nur jene

die er dann fortträgt: Nesterlose
Dein Bau vermag dagegen nichts
Und dennoch nistest du und flichtst
zur Nacht noch eine gelbe Rose

ins Nest Sie ist aus Polyester
Und dass sie keine Rose ist
war deine kluge gelbe List
Ja bautest du denn jemals Nester?

Körper

Wo die Laken nicht zerknittert sind,
hat die Poesie nicht genächtigt

Der Körper erinnert sich immer daran
wie oft er geliebt wurde Betten
des Liebens sind nicht mehr zu glätten
die Haut ist ein Laken fest schmiegt es sich an
ein anderes Du und in Falten
fügts dich zu dir selber und rafft dich zum Reim
zusammengefaltetes Blatt um den Keim
der Körper wird alles behalten
Doch jetzt sagt Kavafis ist alles vergangen
Er lacht mit den Augen sie sind vom Verlangen
umrunzelt so sind sie die Alten

STEINE FÜR DIE SELINUNTER

Die Köter

Die Köter Kurzhaar sandsteinfarben
sind eingenickt zu einem Fries
und nur ihr Atem steppt noch Narben
im Sand Die Schrift verrieselt Lies

du lieber nicht diese Gravuren
die Naslochlettern Selinunts
Kommt Zeit kommt Wind und tilgt die Spuren
von Träumen eines Straßenhunds

Metopen längst schon abgetragen
Aktaion-Fries und Halali
wo halsbandlose Killer jagen
Der Sand wird wach Jetzt kommen sie

Cave di Cusa

Cusa Mühlstein Elendsweltstadt
presst das Öl aus ungelernten
Afrikanern holt zum Ernten
dead meat aus der Zeltstadt

Und im Ölhain fassen Trucker
Fruchtfleisch Nigerianerinnen
Eine wird vielleicht entrinnen
ein Olivchen keimt im Acker

Cusa: Steine für die Selinunter
Wurstscheiben von Säulen lagern
unverdaut seit den Karthagern
Falls wer floh dann ging es unter

Im Mauthausen der Antike
tragen die Touristen Nike

Sfilato Siciliano

Lochstickerei Ich taste nur die harten
Bordüren welche um die Leere stehen
denn alles was uns bleibt von diesem zarten
Gespinst: das Fehlen will ich noch nicht sehen
Die Fingerkuppen spüren nur entpaarten
Zwirn Du frierst Du frierst auf bloßen Zehen
im Korridor zum unbelohnten Warten
Dann schließt die Türe sich Es kommt das Gehen

Siziliens Dämmerungen

Siziliens Dämmerungen
sind kurze Ritardandi
von Rot nach Blau verklungen
noch ehe sie sich an die

Kadenz des Dunkels lehnen
noch eh der Wind den Hafer
vergessen hat zu föhnen
noch ehe in den Schlaf er

versinkt noch eh die Wellen
der Hügel in der Ferne
mit leisem Brausen schwellen
Dort steigt die Flut der Sterne

Ginster

Ginsterblüte Winterende
Knospenausbruch am Vulkan
Rauch von Pollen Gelbe Brände
Lava heizt die Wurzeln an

Wurzeln die ein Jahr lang glosen
Feuer wie im Psalmenwort
Selbst in dieser atemlosen
Blüte brennen sie noch fort

Hummeln kommen Zwangsbestäubte
taumeln übersatt davon
wie Elia: ihn betäubte
Ginsterduft bis zur Vision

Wollte nur die Wüste suchen
schlief im Ginsterschatten ein
Engel sah er Mehr noch! Kuchen
frisch vom heißen Lavastein

Blumen fand er keine Wüste
Wurzelöfen Eruption
der Befruchtung – bald schon sprießte
aus dem Acker ihm ein Sohn

Ercolano

Vesuv: ein Kettenraucher Seine Tauben
sind lavagrau mit lavaroten Füßen
Das Rauchen lassen? Keine Körner klauben?
Vulkan und Vogel wählen nicht Sie *müssen*

Dein Herz: zwei Magmakammern Dort pulsiert es
und fast zerreißt es dich Ach so viel Wärme!
Dein Taubenherz Es schlägt und bald gebiert es
Aus seinem Krater stieben Vogelschwärme

Die Kammer birst strömt über pyroklastisch
Für volle vierzig Tage wird es finster
Dann reißt es auf Der Berg steht neu und plastisch
und er treibt Blüten: Ginster Ginster Ginster

Fornici, Ercolano

Die Frauenknochen an die Knochen
des Kinds geschmiegt Der Leib gebiert
im Sterben noch was er versprochen:
Geborgenheit Selbst skelettiert
gibt er noch Halt – ein stummes Lieben

Am Körperwall im Bootshaus brach
der Glutstrom und den Menschen blieben
Minuten ehe nach und nach
die Luft ausging Dass sie einander
beschützten dehnte ihre Qual...

Der Tod: nur weil sie liebten fand er
sie nicht sofort Das Taj Mahal
aus ihren Knochen steht bis heute

Ein Priester der alleine saß
war für die Glut geschwinde Beute
Sie schmolz sein Hirn zu schwarzem Glas

Chiesa dei Santi Apostoli

Il mare non bagna Napoli

Der Meeresspiegel wächst
Noch liegt die Stadt auf Stapel
bald läuft sie aus Demnächst
badet das Meer Neapel

Das Kirchenschiff Wann stichts
in See? Wer hilft den Jüngern?
Gewiss des Weltgerichts
sind sie verwirrt vom Schlingern

vom Schmelzen beider Pole
von dieser Sonnenflut
der bunten Nekropole
von der gestauten Wut

des Steinmeers in den Tiefen
das schon phlegräisch schmolz
bevor die Jünger schliefen
Jetzt rettet sie kein Holz

Neapel lässt sie beben
Es kommt der Menschenfisch
Neapel ist das Leben
gewaltsam
                    urmeerisch

Largo dei Santi Apostoli

Im Innenhof der Zeit
vom Sonnenlicht geflutet
deine Vergangenheit
Fast ist sie ausgeblutet

alles Pigment verrann
in schüchternen Gouachen
Die Flut der Zeit steigt an
hat dich fast ausgewaschen

Doch nachts da schwimmt ein Fisch
durch das Aquarium
sein rundes Aug blickt frisch
im Hof der Zeit sich um

Er taucht bis an den Grund
des Dachstockes empor
erprobt mit seinem Mund
das morsche Türschloss vor

der Stiege die zu dir
nach oben führte Bricht
er ein in dein Quartier?
Und sprichst du nicht
                    im Schlaf?

Quattro Stagioni

La Primavera schmückt sich grün
im Seidenschal zum Tête-à-Tête
am Fluss Soll sie nicht doch noch fliehn?
Der Fluss hat nur ein Einzelbett

L'Estate: Wind im Achselhaar
der Böschung Pheromongeruch
Im Unterholz herrscht Brandgefahr
Ein Presto ohne Wolkenbruch

L'Autunno setzt auf den Verstand
versteckt darum in jedem Kuss
ein Apfelstück als Proviant
Ein letztes Schaukeln auf dem Fluss

bevor L'Inverno ihn vereist
Sein Haar ist weiß und weiß das Hemd
La Primaveras wenn sie reist
Sie muss nach Haus Sie ist dort fremd

Editorische Notiz

– cosa vi sarà alla fine del viaggio?

Die editorische Notiz
in der du mir den Dank abstattest
für alles was du noch nicht hattest:
Faksimiles des Abschiedslieds

die Wörterspur des Nichtabschieds
punktiert vom Hoffen Hadern Warten
der zwei die aufeinander harrten
am Ende des Bleistiftgebiets…

Die Liebe hat die Schrift verfärbt
und mehr noch haben *wir* verderbt
Wir taten es verzweifelt gerne –

weshalb ich Fehler nicht entferne
Die Venus schuf den Schönheitsfleck
Ich streich dir keinen Makel weg

Non ha l'ottimo artista…

Der beste Dichter fände kein Concetto
das nicht bereits die Sprache in sich trüge
denn das Erfinden war schon immer Lüge
und unser Wortschatz ist ein kleines Ghetto

wo jeder jeden kennt Und alle tragen
den Hunger vieler Jahre auf der Zunge
und mancher einen Schatten auf der Lunge
und alle kommen sie mit ihren Klagen

und fallen sich ins Wort Ach diese Stimmen
die uns von Kindheit an bevölkern! Jede
diktiert uns führt uns Tag für Tag die Hände

Vokabular des Guten wie des Schlimmen
Gleich mit dem ersten Wundschorf wächst die Rede
Sie wächst und buchstabiert uns bis zum Ende

IM ALTEN GARTEN WIRD GEBAUT

Im alten Garten wird gebaut

Teuer sind mir die klebrigen Blättchen,
die sich im Frühling entfalten

Das bittersüße Harz der Knospen
an meinem Lesebaum:
ein früher Pappeltraum
vom alten Garten dort im Osten

In meiner Pappel las ich lange
in ihr war jedes Blatt
gleich klebrig und gleich glatt
und jedes grün wie eine Schlange

Doch sollte ich die Schlange zähmen
Der Vater zeigte mir
das süßbittere Tier
damit ich lernte mich zu schämen

Die Pappel hat der Blitz gespalten
geschält wie Schlangenhaut
Im alten Garten wird gebaut
Nichts bleibt Die Scham hat mich behalten

An der Tränke der Hornissen

An der Tränke der Hornissen
wird kein Sandkorn mehr gedreht
und auf fieberheißen Füßen
hockt ein Hahn der nicht mehr kräht

Lange hat er nicht getrunken
Alles Wasser ist aus Glas
Nur ein Dröhnen gelb und dunkel
nur ein dunkelgelber Bass

teilt die Luft Das Glas vibriert Es
birst Und wieder strömt der Bach
und dreht den Sand Ein blank poliertes
Auge siehts Der Hahn wird wach

Messerschmitt

Flugzeugmotor Sommertag
Jugendbuch vom letzten Krieg
Du erkennst auf einen Schlag
eine Messerschmitt Sie stieg

aus dem Buch hinauf ins Licht
blättert sich durchs Firmament
Und du spürst: die Sonne sticht
und du lebst so sehr – es brennt

Glühend warm weil es verletzt
ist das Glück: ein Messerschnitt
Du wirst sterben Vielleicht *jetzt*
Nimm den Sommer Nimm ihn mit

Stilleben

Das Tischtuch aufgebäumt
zum Berg Vereiste Flächen
vom Lineal erträumt
Ich will davon nicht sprechen

Von Äpfeln red ich – rund
die zeigen ihren Nabel
und rollen in den Schlund
des Tags mit gelbem Schnabel

Die Leinwand stiebt heran
mit scharfen Eiskristallen
Die Äpfel von Cézanne
sind in den Schnee gefallen

Asteria

Die Angst hetzt die purzelnden Bäume
Der Wald und die Insel: sie fliehn
Denn sämtliche Wurzeln sind Träume
und Leben braucht Wehen Soutine

Von unten gewirbelt die Eschen
wie Hörner gedreht Helikon
voll Angst um die Eichen: sie preschen
beim Stoß in die Tuba davon

Lass all deine Angst auf die See los
Ihr Wind treibt den göttlichen Keim
ans Ufer der Insel und Delos
wirft Anker Jetzt wurzelst du Chaim

Abendlandschaft mit japanischen Kiefern

Ein Schatten überwächst die Kiefern
Die Nacht ist sehr sehr nah
und infrarote Strahlen liefern
das Holz ans Messer Da

verschwindet alles Nadelzarte
Wer einen Holzschnitt macht
dem bleibt am Ende nur die harte
Kontur Es naht die Nacht

und der Moment wo das Ambigue
vergeht mit einem Schnitt
der Holz vom Holz trennt Hiroshige
fühlte sich wohl damit

Und plötzlich ist mir nicht mehr bange
Der Schnitt er kommt ich sah ihn lange

Das Eis

Die Sterbenden sind für uns Ferne
Wir wissen nicht was sie bewegt
Das Weiß des weißesten der Sterne
ist kälter als der Blick erträgt

Die Zeit die bleibt erscheint uns länger
Das Reh erstarrt im Halogen-
licht Aug in Auge mit dem Fänger
sieht es nur Weiß und es bleibt stehn

Der Tod schließt niemandem die Augen
Das tun nur unsre warme Hand
und Wörter die im Eis nichts taugen
Das Reh entsprang ins Niemandsland

Continental™

Relief der Amsel im Asphalt
Dies Viertel war stets ihr Revier
sie hat es stets zur Nacht beschallt
hat ihr Arkadien auch hier

verteidigt auf dem kahlen Teer
Ein Reifen hat sie plattgewalzt
Ihr Lied das warnte warnt nicht mehr
Ihr Schnabel wurde umgefalzt

Ein Offset unsres Untergangs:
ihr Abdruck zweidimensional
Das Schwarzaufschwarz des Nachtgesangs
es rollt und rollt Continental

Vögel im Nachtfrost

Den Vogel im Nachtfrost wärmt sein Gefieder
Jeder Windstoß entblößt ihm die Haut Sie ist rosa
Der Maler im Lager Warum schrieb er Lieder
in Reimen barbarischer Süße – nicht Prosa?

Der Dichter im Gulag (keiner weiß mehr
warum) der tauschte den Mantel für Zucker
Er schrieb: friere sehr ohne Sachen Das Eismeer
schloss ihm das Süßmaul dem zärtlichen Schlucker

Verhungernde tauschten Rezepte für Torten
Es gibt einen Schlachthof Es gibt den Konditor
Es gibt einen Reim auf das Viehtor
Der Eiswind zerwühlt ein Gefieder aus Worten

Biber

Biber: spitzt die Stifte
in der Dämmerung
Driften will ich driften
ohne Dämme drum

Schnitzt mir eine Sanduhr
den taillierten Fluch
Schilf: dein Rohr umspannt nur
deinen Flussgeruch

Frosch

Ich sehe dich immer so halb durch zwischen
Fischschwänzen, Froschzehen etc.

Zuunterst hockt im Untersberg
ein Frosch in der Fossilienschicht
zum Sprung bereit im Zeitbergwerk
aus dem dereinst ein Fluss aufbricht:

der stürmisch schnelle Oberlauf
zum Königssee… ach einem See
Wann endlich reißt die Felswand auf?
Dem Steinfrosch zuckt der kleine Zeh

Vom Schwimmen in Unterläufen von Flüssen

Natürlich muß man auf dem Rücken liegen

…dann treib den Fluss der Zeit herunter
und mache Toter Mann
Treib nur – der Fluss treibt es noch bunter
Er schwemmt dich bei dir an

Dreh Kreise in den Wasserlinsen
im Grün das nach dir fasst
Geh lange langsam in die Binsen
Der Schluss kennt keine Hast

Verfang dich in den Wasserrosen
Schwimm Rücken spitz den Mund
und spuck hinauf zum Bodenlosen
Nur schau nicht auf den Grund
wenn dich von unten Fische kosen

Schau nur nicht auf den Grund

Brunnen

Ich werfe meine Wörter
in einen Brunnenschacht
Dort sind sie ungehörter:
ein Nichts das Ringe macht

die ich nicht sehen werde
Der Brunnen ist zu tief
ein Spiegel in der Erde
zu dem ich Wörter rief…

Der Spiegel erst zerrissen
die Ringe dann verebbt –
und keiner muss mehr wissen:
ich hab mich ausgelebt

Geworfen und gesunken:
Mein Wort muss nicht mehr sein
Es hat sich sattgetrunken
Das Leben sog es ein

Maronenmond

Maroni rösten in der Nacht
Dein Vorrat für die Winterreise
Ein Kohlenfeuer angefacht
am Weg zum Gaswerk links der Gleise

Kastanien essen unterm Mond
Das weiße Mehl heizt dir den Gaumen
Der Himmel wo die Zunge wohnt
wird warm wie einst vom Kinderdaumen

Ein Mundvoll Glut ein Mundvoll Licht
Du gehst in diese Nacht nicht ohne
Proviant Die Wolkenschale bricht
Ich füttre dir die Mondmarone

HALBINSELFISCH

Blauer Schal

I live the life
I left behind

Der blaue Schal
den du beim Zwist
verloren hast

mit einem Mal
ist er gehisst
an einem Ast

von einer Hand
dort blau geflaggt
zerschlissen zwar

und hoch gespannt
und tief verzagt
doch blau und wahr

wie jeder Blues
Die Hand – bist du's?

Holzbank

Der Lack ist ab Das Holz liegt blank
Jetzt fressen uns die Wespen
Die morschen Planken unsrer Bank
verleimen sie zu Nestern –

ein Blätterteig aus Dirundmir
mit dem sie Lampions bauen
Lass uns ein Lufthaus von Papier
aus alten Fasern kauen

zum Ball lass uns uns rollen
zu einem Igelchen der Luft
Und geht das Ich verschollen

in dieser stacheligen Gruft
und müssen wir uns trollen
summt das Papier als ob es ruft

Der Wald von Fontainebleau

Es gab viel Licht und Schatten
in jenem Waldstück wo
wir uns verlaufen hatten
Der Wald von Fontainebleau:

auf Leinwand steht er flirrend
helldunkles Immerzu
Darin sein war verwirrend
Der Wald von Ich und Du:

petrifizierte Stämme
von Ich zu Ich erstarrt
Niemals gesättigt: Schwämme
ihre Konturen hart…

Doch Sonne teilt die Eichen
Der Weg ist übersät
vom Licht das auch die weichen
Bäuche der Schwämme bläht

und Wärme dehnt die Fäden
Die Leinwand saugt uns auf:
verloren in das Eden
von einem Farbverlauf

Halbinselfisch, oder:
Erinnerung an Vis

Er beißt Und reißt
sich nicht mehr los
vom Inselland

Gezeitenfloß
aus Uhrensand
und Salz Du weißt

zur Zeit nicht mehr
worin du hängst
und weißt doch längst
Du schwammst ins Meer

in seinen Mund
theaterrund
als er ganz Vis
und dich verspies

Inhalt

HALBINSELFISCH

Diese Veröffentlichung haben gefördert

Gertrud Zelinsky

Die Gedichte auf den Seiten 21-23, 27, 28, 39-43, 49, 51, 53, 62-65, 67, 68, 71, 73, 75, 76, 79-84 und 89 wurden im Jahr 2021 von Carl-Walter Kottnik unter dem Titel »Maronenmond« in einer limitierten Auflage von 100 numerierten Exemplaren mit 30 Fotografien des Autors versammelt. (https://www.artdoxa.com/Kottnik/)

Erstausgabe
Gesetzt aus 12/15.6 Berling Antiqua
Lektorat: Peter Engel
Verlegt in Günther Emigs Literatur-Betrieb

ISBN 978-3-948371-89-0

EDITION HAMMER + VEILCHEN

2015

Peter Engel · Unter der schwarzen weiße Schrift. 75 Gedichte, 1972-2015

2016

Günter Guben · Verfügung der Dinge. 75 Gedichte, 1970-2015

Orla Wolf · Unter Insekten. Kurzprosa

Friedemann Hahn · Bis hinter die Nacht. 56 Gedichte, 1971-2016

2017

Martin Jürgens · Liebesmüh. Prosa

Cornelia Manikowsky · und an die Liebe denke ich. Prosa

2018

Ole Petras · Höhere Wesen befahlen. Gedichte & Lieder

Wolfgang Denkel · Schulterblatt. Gedichte

Martin Jürgens · Herz an Zunge. Gedichte

2019

Ronald Glomb · Liebe in Zügen. Mikroromane und Mikrodramen

2020

Steffen Brück · Sonst war nichts. Roman in Miniaturen

Barbara Maria Kloos · Amorette am Schleifstein. Liebesgedichte, 1980-2020

Peter Engel · In Erwartung der Zeichen. Neue Gedichte

2021

Urs Heftrich · Halbinselfisch. Reime

GÜNTHER EMIGS LITERATURBETRIEB

www. Guenther-Emig.de